LÂCHER PRISE
EN 70 ACTIONS

D1730612

QUIZ • ÉCRITURE • MANDALAS • CITATIONS • EXERCICES

LES CARNETS DU BONHEUR

Des carnets pour être heureux...

" Non je ne peux pas tout contrôler **"**

Lâcher prise, c'est quoi ?
C'est accepter ce qui se passe.

Lâcher prise nécessite de bien se connaître et d'être à l'écoute du monde.
C'est accepter tout ce qui se produit et voir en chaque chose une occasion
de s'éveiller à soi-même et de changer... pour son bonheur.

Si on résiste, on refuse, on s'accroche à une idée, une croyance, une situation...
On ne lâche pas prise. C'est notre mental qui résiste en nous
car on a du mal à accepter.

Que faire pour lâcher prise ?
La meilleure façon de lâcher prise est d'être actif et de créer.
Écrire, peindre, colorier, s'inspirer, méditer... sont des actions qui permettent
de s'évader du quotidien pour oublier problèmes et soucis.

Agissez !
Soyez maître de votre bonheur !

Retrouvez dans ce carnet **70** actions
à accomplir pour lâcher prise
et en finir avec la charge mentale.

6 Quiz
Pour mieux se connaitre

20 pages d'Écriture inspirée
Pour se libérer

20 Mandalas
Grand format • À colorier

10 pages de Citations
Pour s'inspirer et réfléchir

14 pages d'Exercices
De développement personnel

Le lâcher prise

C'est un moyen de libération psychologique
consistant à se détacher du désir de maîtrise.

Le développement personnel

C'est un ensemble de pratiques qui ont pour objectif
l'amélioration de la connaissance de soi, la valorisation
des talents et potentiels, l'amélioration de la qualité
de vie, la réalisation de ses aspirations et de ses rêves.

L'Écriture inspirée

C'est un acte qui consiste à méditer et à se
laisser guider par ce qui nous vient à l'esprit.
Si vous avez une préoccupation pour
laquelle vous désirez un éclaircissement,
pensez-y avant la méditation, et ensuite
laissez-vous guider et commencez à écrire.
Écrivez afin d'accéder à vos pensées les plus
profondes, à votre inconscient, à qui vous
êtes réellement. Écrivez comme vous le
sentez sur des sujets qui vous préoccupent.
Et laissez-vous aller...

Pourquoi vous ne pouvez pas lâcher prise ?

Vous êtes hypersensible

Ressentir toujours tout très fort. Une contrariété, une réflexion, un regard... tout est vécu comme un mal, qui entraîne une surchauffe mentale et émotionnelle. C'est penser et penser sans fin jusqu'à épuisement. Vos proches vous incitent à passer à autre chose. mais pas facile de réguler toutes ces émotions.

Vous avez peur de l'inconnu

Tenir à ses habitudes, à ses croyances, à son monde familier et sécurisant. L'imprévu et la nouveauté vous stressent et vous inquiètent. Mais pour grandir et être serein, il faut consentir à faire place à une part d'inconnu. Ne résistez pas. Ne vous accrochez pas à ce que vous connaissez, à vos habitudes. Osez changer cela. On parle souvent de sortir de sa zone de confort. Cela est souvent libérateur.

Vous contrôlez tout

C'est toujours être présent, tout faire, tout penser, tout gérer... jusqu'à l'épuisement. Ne compter que sur soi-même, ne pas demander de l'aide, miser sur ses compétences, ses ressources et surtout sa volonté. Pour certains, lâcher prise, c'est se résigner : ils ne lâchent rien, ils se battent jusqu'au bout. Mais parfois, il faut savoir passer le relais ou abandonner. L'ultra contrôle est le début de notre perte de liberté car quand tout dépend de nous, la vie peut vite être compliquée.

Lâcher prise ne veut pas dire renoncer. Au contraire, cela signifie progresser, se libérer de poids inutiles et parfois même changer notre façon de percevoir les choses.
Le lâcher prise c'est n'avoir aucune difficulté à faire marche arrière, à faire autrement, à demander de l'aide ou à se mettre en retrait le temps d'y voir plus clair. Lâcher prise, c'est avancer !

Visualisez votre bonheur !

Notez tous les mots positifs qui vous inspirent et vous permettent de lâcher prise et répètez-les à l'infini...

Déléguer

Respirer

Indulgence

Avenir

Résistance

Purifier   Accepter

Méditer

Bonheur

Sagesse

Pensées positives

Grandir

Ralentir

Faire du sport

Laisser vivre

Liberté

Relativiser

Libérer ses émotions

Vaincre ses peurs

Partager

Écrire

Coloriage

Se reconnecter à soi

Prendre conscience

Objectif réaliste

Voir du monde

Peindre

Écriture inspirée

Citations inspirantes

> Lâcher prise ne signifie pas que j'abandonne, mais que je cesse de m'accrocher à une idée fixe en faveur de quelque chose de plus créatif.

Nicole Bordeleau

> Si nous ne pouvons pas changer la situation dans laquelle nous sommes, il ne sert à rien de lui résister. Il nous faut plutôt l'accueillir et apprendre à vivre avec elle, puisqu'elle fait partie de notre réalité.

Le Monastère

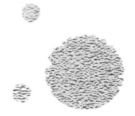

> Lâcher prise, c'est abandonner tout ce qui persiste à nous entraîner dans des relations et des événements malheureux.

Guy Finley

ABANDONNER
LÂCHER PRISE

10 affirmations positives

- Je suis capable d'atteindre mes objectifs
- Je m'aime, je crois en moi, je me soutiens
- J'ai la vie que je mérite de vivre
- Je suis capable d'être moi-même
- Je ne me laisse plus affecter par l'opinion des autres
- Je choisis le bonheur du présent plutôt que la tristesse du passé
- J'ai le pouvoir de changer mon histoire
- Je suis la personne que j'ai toujours rêvé d'être
- La seule personne à qui je me compare est celle que j'étais hier
- Je recevrai ce dont j'ai besoin au bon moment et au bon endroit

Quiz
Avez-vous besoin de tout contrôler ?

Notez vos réponses **1**, **2**, **3** ou **4**
pour chacune des 12 questions :

RÉPONSE 1 : Jamais
RÉPONSE 2 : Occasionnellement
RÉPONSE 3 : Souvent
RÉPONSE 4 : Tout le temps

☐ **Avez-vous beaucoup de règles et d'obligations ?**

☐ Aimez-vous tout planifier, au travail et dans votre vie privée ?

☐ **Évitez-vous de sortir de votre zone de confort ?**

☐ Que ce soit au travail ou à la maison, déléguez-vous ?

☐ **Avez-vous le dernier mot et avez-vous toujours raison ?**

☐ Votre vocabulaire comporte-t-il beaucoup de « il faudrait » et « tu devrais » ?

☐ **En voiture, êtes-vous insuportable en disant quel parcours prendre, quand tourner, où se garer, que le feu est vert ?**

☐ Votre maison est-elle propre et en ordre ?

☐ **Imaginez-vous les pires scénarios pour vos enfants et faites-vous tout pour réduire le risque à zéro ?**

☐ Planifiez-vous vos sorties, vacances et activités pour que rien ne soit laissé au hasard ?

☐ **Reconnaissez-vous faire des erreurs et acceptez-vous de changer d'avis ?**

☐ Êtes-vous en colère ou inquiet quand les choses ne vont pas comme prévu ?

Faites maintenant le total en additionnant vos réponses, avant de vous reporter aux résultats.

☐ Votre total de points

TOTAL ENTRE 12 ET 23 :

Votre adage est « Vivre et laisser vivre ». Vous acceptez sans difficulté l'impondérabilité de la vie et vivez très bien avec elle. Pas trop de contrôle pour vous.

TOTAL ENTRE 24 ET 35 :

Vous avez une légère tendance à vouloir tout contrôler ! Ne perdez simplement pas de vue l'importance de s'abandonner et de faire confiance à la vie et aux autres.

TOTAL ENTRE 36 ET 48 :

Votre besoin de contrôle est vraiment important. Avoir besoin de tout gérer n'est pas une maladie, mais c'est une façon d'être qui ne vous sert pas nécessairement aussi bien que vous pouvez le penser. Parlez-en à votre conjoint, à vos amis les plus proches et essayez surtout de vous détendre et de lâcher prise.

Écriture inspirée

Citations inspirantes

> Ce n'est pas un combat,
> mais une acceptation.
> Ce n'est pas une lutte,
> mais un lâcher prise.

Anonyme

> Accepte qui tu es, libère-toi de tes regrets.
> Accueille ce qui est avec paix, puis lâche prise s'il te plaît.

Stéphane Robin

> Le lâcher prise rime aussi avec acceptation,
> pardon, et demande parfois de faire le deuil
> de ce à quoi l'on tient.

Nicolas Sarrasin

ACCEPTER
LÂCHER PRISE

Écriture inspirée

3 exercices pour lâcher prise

Suivez votre ressenti

- Faites-vous une différence entre les croyances et le ressenti ?
- En qui et en quoi croyez-vous ?
- Depuis quand ? • Pourquoi ?

Répondez et vous verrez la différence entre les croyances dûes à la culture et à l'éducation et celles qui résultent de votre jugement propre, afin de décider plus librement.

Faites-vous confiance

Écoutez-vous et respectez-vous : ce sera le début de la confiance que vous vous porterez. Si vous êtes négatif, plaintif, à toujours voir le verre à moitié vide… demandez-vous ce que vous diriez à votre meilleure amie pour l'encourager et l'aider.
Rapidement, vous saurez ce que vous devez faire. Vous en êtes capable !

Reconnectez-vous à vous-même

Lorsque le mental prend le dessus, allez dehors et prenez de grandes respirations. Ainsi, vous reprendrez le contrôle et chasserez les pensées négatives. Videz simplement votre esprit des choses qui l'encombrent. L'air entrera en vous comme une purification.

Des rencontres avec de nouvelles personnes me stressent :

○ Jamais
○ Parfois
○ Toujours

Mon entourage trouve que je travaille trop :

○ Jamais
○ Parfois
○ Toujours

Je préfère travailler seul :

○ Jamais
○ Parfois
○ Toujours

Prendre des décisions dans mon travail me stresse :

○ Jamais
○ Parfois
○ Toujours

Je n'influence pas mes supérieurs dans mon travail :

○ Jamais
○ Parfois
○ Toujours

Je me fie davantage aux avis des autres qu'aux miens :

○ Jamais
○ Parfois
○ Toujours

J'aime mieux avoir un gain stable sur lequel je peux compter plutôt qu'un travail stimulant où je prends des responsabilités :

○ Jamais
○ Parfois
○ Toujours

J'ai tendance à ménager les autres
plutôt qu'oser les affronter :

○ Jamais
○ Parfois
○ Toujours

Si une méthode marche bien,
je ne vois pas pourquoi je changerai :

○ Jamais
○ Parfois
○ Toujours

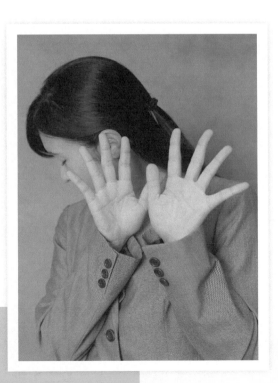

UN MAX DE JAMAIS :

Vous savez lâcher prise. Absence
de stress ou très faible. Bravo !

UN MAX DE PARFOIS :

Vous devriez faire un effort
pour lâcher prise un peu plus.
Niveau de stress modéré.

UN MAX DE TOUJOURS :

Vous êtes quelqu'un qui a vraiment
du mal à lâcher prise. Votre niveau
de stress est élevé.

5 conseils
pour lâcher prise

1. Un plaisir chaque jour chasse
le stress
2. Eliminez les petits ennuis
du quotidien
3. Variez votre alimentation
4. Déléguez des tâches
5. Découvrez les bienfaits
de la détente

Écriture inspirée

Citations inspirantes

> **Lâcher prise implique d'avoir confiance en ce que la vie nous propose.**
>
> Anonyme

> **Chaque fois que vous êtes tenté de réagir avec les mêmes vieilles habitudes, demandez-vous si vous voulez être prisonnier du passé ou un pionnier de l'avenir. Le passé est fermé et limité, l'avenir est ouvert et libère.**
>
> Deepak Chopra

> **Retenir, c'est se concentrer sur le passé. Lâcher prise, c'est être inspiré par un meilleur avenir.**
>
> Denis St-Pierre

AVENIR
LÂCHER PRISE

Écriture inspirée

3 exercices pour lâcher prise

Soyez serein au travail

Vous êtes responsable de votre travail, pas de celui de vos collègues ou de votre patron. Il faut relativiser suivant les situations. Tout n'est pas de votre fait. Pour relativiser, imaginez-vous construire une tour. Vous êtes au sommet et vous observez vos collègues en bas qui sont minuscules. Vous, vous êtes au calme et protégé tout en haut.

La gratitude, la pensée et l'écriture

Chaque soir avant de vous coucher, pensez à votre journée et listez sur un papier toutes les choses positives qui vous sont arrivées. Vous verrez que même après une mauvaise journée, vous aurez accompli de belles choses. Et noter tous ces mots positifs, ces remerciements, ces actes amènera votre esprit vers la sérénité.

Prenez soin de votre mental

Il faut vivre une relation harmonieuse avec vous-même. Notez sur une feuille les points négatifs de votre journée et les raisons de cet inconfort. Cela peut réveiller des manques, des blessures. Cette prise de conscience peut vous permettre de travailler sur des aspects de votre vie qui vous empêchent d'avancer.

❓ Quiz
Savez-vous lâcher prise ?

Quel est l'objet que vous amenez partout ?

A ○ Aucun
B ○ Votre livre préféré
C ○ Votre téléphone

Vous êtes d'un naturel plutôt :

A ○ Tranquille
B ○ Nerveux et stressé
C ○ Mitigé… avec des jours sans et des jours avec

Combien de semaines de vacances prenez-vous chaque année?

A ○ 5 semaines comme tout le monde
B ○ Le maximum possible
C ○ 1 ou 2. Pas plus !

Une soirée à la maison, c'est…

A ○ Le top ! Dîner en famille, soirée entre amis, détente et repos.
B ○ Après avoir tout fini, vous prenez une heure pour vous..
C ○ Trop de choses à faire entre les enfants, la maison, les amis. Un vrai sprint.

Votre ami vous propose un week-end à Paris. Au programme : musée et shopping

A ○ Pas emballée, vous auriez préféré la piscine.
B ○ Trop de boulot pour cela, c'est pas possible.
C ○ Ah cool ! Cette détente est la bienvenue.

Quel sport pourrait vous faire du bien ?

A ○ Aucun sport
B ○ Un peu de gym, de la marche
C ○ De la boxe

Dès que vous avez un instant de libre, vous en profitez pour…

A ○ Dormir
B ○ Faire du sport, prendre un bain
C ○ Travailler

C'est le week end et la maison est en désordre mais vous êtes épuisée…

A ○ Tant pis, pas de ménage ce soir
B ○ Vous vous occupez du dîner et des enfants… et c'est tout.
C ○ Ça ne peut pas rester ainsi. Vous rangez et nettoyez toute la maison. Et plus encore…

Votre meilleure amie vous appelle en pleine nuit... Elle a besoin de vous.

A ⃝ Vous lui signalez qu'il est tard et que vous vous rappellerez demain.

B ⃝ Vous parlez avec elle pour la rassurer et serez chez elle dès le lendemain.

C ⃝ C'est votre amie. Vous allez la retrouver pour l'aider.

Il est plus de 20H et votre patron vous appelle. Votre réaction :

A ⃝ Vous vérifiez si ça peut attendre demain.

B ⃝ C'est trop tard. La journée est terminée.

C ⃝ Vous répondez immédiatement !

UN MAX DE A :

Lâcher prise, vous savez faire. Un peu trop même...

Vous savez lâcher prise, ne vous faites donc pas de soucis avec ça ! Votre problème à vous, c'est justement un petit excès de laisser-aller... Vous ne pouvez pas être en permanence aussi cool ! Comment arrivez-vous à gérer le quotidien sans être un peu plus responsable ? La vie demande un minimum d'implication, non ? Le stress a parfois du bon, ça booste et fait avancer.

UN MAX DE B :

Vous savez lâcher prise.... quand il le faut !

Vivre à 100 à l'heure vous savez ce que c'est. D'un naturel dynamique et entreprenant, vous vivez votre vie à fond.
Néanmoins, hors de question pour autant de vous laisser déborder. Quand vous avez besoin d'une pause... vous la prenez !
Adepte des astuces du bonheur qui font du bien le temps d'une pause pour être de bonne humeur, vous avez réussi à trouver l'équilibre.

UN MAX DE C :

Lâcher prise, vous ? Jamais !

Le moins que l'on puisse dire, c'est que vous n'êtes pas du genre à vous laisser-aller... À la maison, comme au travail : vous êtes toujours à fond, toujours sérieux. Vous ne faites pas partie de ceux qui flanchent !
Mais ne seriez-vous pas un peu excessif ? Savoir lâcher prise de temps à autre est essentiel pour votre équilibre. La vie ne peut pas toujours être à fond. Alors essayez donc de vous ménager un peu, pour votre santé.

Écriture inspirée

Citations inspirantes

> **Le premier pas pour avoir ce que vous voulez, c'est d'avoir le courage de quitter ce que vous ne voulez plus.**
>
> Anonyme

> **À partir du moment où l'on peut lâcher prise, où l'on ne désire plus être heureux à tout prix, on découvre que le bonheur, c'est cette capacité de garder les mains ouvertes, plutôt qu'agrippées sur ce que nous croyons être indispensable.**
>
> R. Poletti

> **Même une vie heureuse a sa part d'obscurité. Le bonheur perdrait son sens s'il n'était pas équilibré par la tristesse. Il est beaucoup mieux de prendre les choses comme elles viennent, avec patience et sérénité.**
>
> Carl Jung

BONHEUR
LÂCHER PRISE

Écriture inspirée

6 conseils pour lâcher prise

1• Faire une chose à la fois

Ne pas confondre réactif et proactif. Êtes-vous du genre qui réagit immédiatement aux demandes et démarre au quart de tour ? Et se perd quand il y a plusieurs demandes à la fois ? Le but c'est de faire un seul projet à la fois. Les résultats sont meilleurs parce que ce qui est commencé est toujours terminé !

2• Prioriser

Quelle priorité pour mes tâches ? Je priorise les choses qui ont la plus grande valeur (santé, famille, bien-être...). Le ménage peut attendre, je profite de beaux moments de jeu avec mon enfant. Je pourrais toujours m'occuper de ma maison la semaine prochaine, mais je ne pourrais pas revivre les moments perdus.

3• Être réaliste

Le repos est important. Une liste de tâches infinie implique que notre vie est sans fin. Pourtant, se reposer, c'est essentiel pour notre équilibre et notre productivité. Limitez-vous simplement aux tâches les plus importantes, prenez le temps de faire et d'apprécier.

4• Bouger

Parmi les vertus du sport, on peut citer la marche et la relaxation. L'enchaînement en douceur des postures, au rythme d'une respiration lente et profonde et l'énergie dépensée contribuent à l'apaisement de l'esprit et mène vers le lâcher-prise. Laisser son corps se détendre et se défouler engendre bien-être et forme physique et mentale.

5• Méditer

La méditation, c'est l'outil idéal pour calmer l'esprit et apprendre à porter notre attention sur une chose à la fois. Choisissez le bon endroit pour apprendre à méditer. Vous aurez ainsi une source de mieux-être pour en ressortir apaisé à chaque fois.

6• Se faire masser

Un bon massage permet le lâcher-prise. C'est l'occasion de s'arrêter, de faire une coupure pour repartir du bon pied avec calme et de prendre le temps de prendre soin de soi. Certains massages permettent une élévation de la conscience, on appelle cela la massothérapie.

Savez vous lâcher prise ?

J'ai besoin des compliments de mon entourage pour être sûre de moi :

○ Jamais
○ Parfois
○ Toujours

Pour éviter les échecs, je ne prends pas de risque :

○ Jamais
○ Parfois
○ Toujours

Je ne me sens pas bien dans ma peau :

○ Jamais
○ Parfois
○ Toujours

Des changements dans ma vie habituelle me tracassent et me troublent :

○ Jamais
○ Parfois
○ Toujours

Je n'ai pas l'habitude de me confier aux autres :

○ Jamais
○ Parfois
○ Toujours

Je suis très prudent et stressé face à une situation non contrôlée :

○ Jamais
○ Parfois
○ Toujours

Je travaille de plus en plus et très rapidement :

○ Jamais
○ Parfois
○ Toujours

Mon travail m'empêche de faire les choses
que j'aurai vraiment envie de faire
dans la vie :

○ Jamais
○ Parfois
○ Toujours

Quand on me critique, je doute de moi :

○ Jamais
○ Parfois
○ Toujours

UN MAX DE JAMAIS :

Vous savez lâcher prise. Absence
de stress ou très faible. Bravo !

UN MAX DE PARFOIS :

Vous devriez faire un effort
pour lâcher prise un peu plus.
Niveau de stress modéré.

UN MAX DE TOUJOURS :

Vous êtes quelqu'un qui a vraiment
du mal à lâcher prise. Votre niveau
de stress est élevé.

**5 conseils
pour lâcher prise**

1 . Soyez optimiste

2 . Faites confiance à la vie.

3 . Posez une intention positive
tous les matins

4 . Répétez des phrases motivantes

5 . Dites non

Écriture inspirée

Citations inspirantes

> Lâcher prise, ce n'est pas regretter le passé, mais vivre et grandir pour l'avenir dans l'ici et maintenant.

Michel Poulaert

> Lâcher prise, ce n'est pas critiquer ou corriger autrui, mais s'efforcer de devenir ce que l'on rêve de devenir.

Anonyme

> Lâcher prise me fait penser à un arbre qui perd ses feuilles à l'automne. Il doit les laisser aller pour croître et produire encore plus de beauté le printemps et l'été suivants.

Al-Anon

GRANDIR
LÂCHER PRISE

Écris, écris, écris…

Écrire pour se libérer

L'écriture inspirée, c'est quoi ?

L'écriture inspirée c'est écrire pour se brancher à plus grand que soi, au souffle porteur de Vie qui bouillonne et qui ne demande qu'à jaillir de soi. Il y a, au fond de notre cœur, une ouverture plus grande que ce que l'on pense, une inspiration. Il y a des chemins encore inexplorés, des sentiers à découvrir. Par le biais de l'écriture inspirée, on fait un premier pas sur ce sentier, on écarte le rideau qui le cache. C'est comme un mouvement de l'âme, une source de lumière qui jaillit au bout de nos doigts. Pour la pratiquer, il faut d'abord apprendre à nous rebrancher, à respirer dans le moment présent. Ces quelques instants permettent de nous connecter à notre source, de prendre ancrage. Puis, l'écriture peut monter, d'abord doucement ou encore impérieuse et précise.

L'écriture inspirée est une façon d'écouter notre cœur, notre âme, notre guide intérieur. Dans cette ère de grands changements, l'écriture inspirée est vue comme un moyen de reconnexion, de retour à la Source, comme la lumière d'un phare qui soudainement balaie tout l'horizon au lieu de se concentrer sur un seul point.

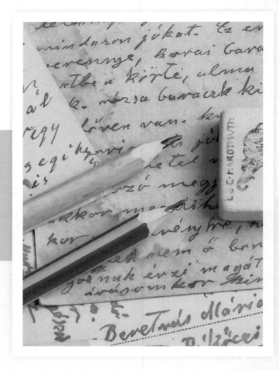

Pourquoi pratiquer l'écriture inspirée?

Écrire, c'est prendre le temps de s'écouter et créer un espace de guérison et de libération. Pratiquer l'écriture inspirée permet d'entreprendre un voyage au plus profond de notre être : en nous coupant de notre mental, on permet à plus grand que soi de prendre la parole, à la lumière de briller. Cette lumière a toujours été là, en nous, mais nous ne lui laissons pas beaucoup de place. En s'adonnant à l'écriture inspirée, on ouvre une porte sur une Vérité universelle, une voix qui vibre à l'unisson de la Vie. Plus que cela, nous prenons consciemment le chemin de cette Vérité, nous l'accueillons dans nos vies à bras ouverts. L'écriture inspirée permet de s'unir à la Source, de devenir Elle, de se fondre dans les flots qui bouillonnent. Écrire, c'est guérir et renaître enfin.

Par où commencer?

L'idéal est de trouver un moment pour soi, par exemple le matin, ou encore le soir avant de dormir. Pour laisser place à l'écriture inspirée, il faut d'abord se donner la place à soi, prendre du temps pour soi, l'ancrer dans la routine comme un espace non négociable, un rendez-vous avec soi-même. Puis, nous précisons nos intentions d'écriture, nous prenons le temps de respirer, de nous brancher. Nous écrivons ensuite les premiers mots qui montent naturellement, sans chercher à les combattre ou à les comprendre. Il n'y aura pas toujours de sens au tout début, et les mots peuvent sembler sans profondeur.

Puis, il y a un moment où le déclic se passe, où le mental se tait tout à coup pour laisser place à plus grand que soi. C'est comme si les mots jaillissaient de l'Être et non plus de la tête : de l'âme et non plus de l'égo. Il y a une vérité qui soudainement se couche sur le papier, et ce que nous écrivons se met tout simplement en place. Sans forcer.

Apprendre sur soi

Il y a tant à découvrir ! Nos vies ont été façonnées par des croyances et des illusions qui nous bercent depuis notre conception. L'écriture inspirée permet donc de prendre conscience de ces croyances, de les verbaliser, de les intégrer pour enfin les liquider en douceur et à notre rythme. Les illusions également nous apparaissent pour ce qu'elles sont : des histoires issues de notre mental. L'écriture inspirée nous replace dans l'équilibre de ce qui est et nous aide à nous retrouver tels que nous sommes : des Êtres vibrants de lumière.

Extrait d'un article de Marie-Michelle Poulin,
Chroniqueuse « Au Coin du livre »

- On s'assoit
- On respire
- On prend un crayon
- On pose une question
- On se laisse aller
- On médite
- On écrit...

Écriture inspirée

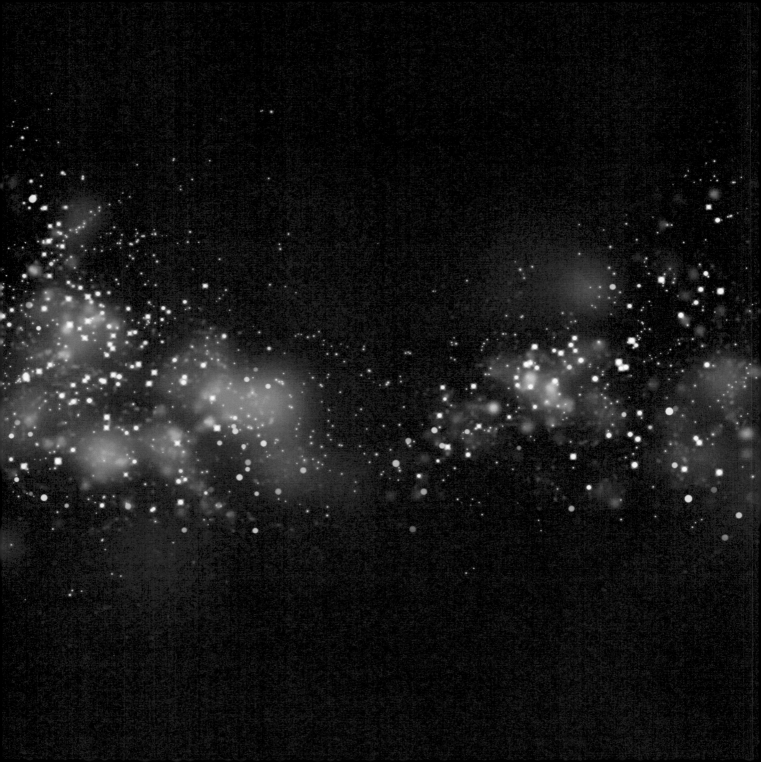

3 exercices pour lâcher prise

Fuyez vos pensées noires

Astuce : si vos pensées polluent votre esprit, prenez une grande inspiration et bloquez votre respiration. Restez ainsi autant que possible et énumérez à voix haute le plus rapidement possible tous les objets près de vous. Vous verrez à quel point c'est efficace pour chasser les idées noires.

Aimez-vous

Tout le monde fait des erreurs. Mais soyez indulgent avec vous-même. Astuce : dessinez le symbole du yin et du yang. Dans la partie sombre notez tous vos défauts en regardant malgré tout qu'il y a un point blanc dans cette noirceur. Dans la partie blanche, notez vos qualités. Suite à cet exercice, vous verrez que tout est équilibré.

Méditez sous la douche

En prenant votre douche, imaginez que l'eau lave toutes vos pensées négatives. Regardez l'eau qui s'écoule et assimilez-la à vos peurs et vos colères qui disparaissent peu à peu dans la baignoire. Vous vous sentirez plus léger. L'eau est toujours votre alliée. Elle nettoie et purifie.

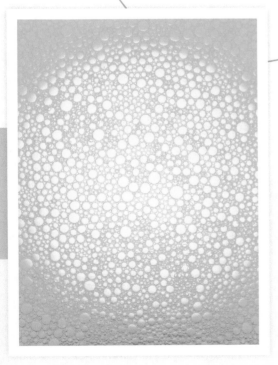

Écriture inspirée

Citations inspirantes

> Lâcher prise, c'est renoncer à tout contrôler, à vouloir le bien de l'autre. C'est renoncer à prouver quoi que ce soit. C'est accepter que l'autre est l'autre et que moi-même, je suis ce que je suis et non pas qui j'avais rêvé d'être.

Anonyme

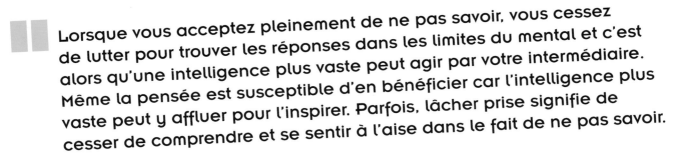

> Lorsque vous acceptez pleinement de ne pas savoir, vous cessez de lutter pour trouver les réponses dans les limites du mental et c'est alors qu'une intelligence plus vaste peut agir par votre intermédiaire. Même la pensée est susceptible d'en bénéficier car l'intelligence plus vaste peut y affluer pour l'inspirer. Parfois, lâcher prise signifie de cesser de comprendre et se sentir à l'aise dans le fait de ne pas savoir.

Eckart Tolle

> Lâcher prise, ce n'est pas se montrer indifférent, mais simplement admettre que l'on ne peut agir à la place de quelqu'un d'autre.

Anonyme

 **LAISSER VIVRE LÂCHER PRISE**

Écriture inspirée

10 pensées positives

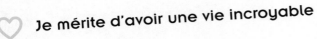 Je mérite d'avoir une vie incroyable

Quoi qu'il arrive, je peux gérer

Le passé est terminé

Je suis la meilleure version de moi-même

Je suis en paix avec mon passé car il a fait de moi ce que je suis

Je choisis l'instant présent et je le chéris

Je crois en moi

Je suis capable de pardonner

De belles choses m'attendent

J'évolue continuellement vers une version plus forte de moi-même

? Quiz
Savez vous lâcher prise ?

je suis fier d'être ordonné, soigneux et ponctuel :
- ○ Jamais
- ○ Parfois
- ○ Toujours

Je n'aime pas les soirées où il y a beaucoup de monde :
- ○ Jamais
- ○ Parfois
- ○ Toujours

Le succès est en grande partie une affaire de chance ou d'opportunité :
- ○ Jamais
- ○ Parfois
- ○ Toujours

Pendant mes loisirs, je parle de mon travail ou je fais des choses liées à mon travail :
- ○ Jamais
- ○ Parfois
- ○ Toujours

Cela m'agace terriblement d'être contredit :
- ○ Jamais
- ○ Parfois
- ○ Toujours

J'ai peur de découvrir de nouvelles choses :
- ○ Jamais
- ○ Parfois
- ○ Toujours

Ce qui se passe dans ma vie est une affaire de hasards :
- ○ Jamais
- ○ Parfois
- ○ Toujours

J'ai du mal à pardonner et à oublier :

○ Jamais
○ Parfois
○ Toujours

Le sport me fatigue :

○ Jamais
○ Parfois
○ Toujours

Je suis en colère quand les choses
ne vont pas comme je le veux :

○ Jamais
○ Parfois
○ Toujours

UN MAX DE JAMAIS :

Vous savez lâcher prise. Absence
de stress ou très faible. Bravo !

UN MAX DE PARFOIS :

Vous devriez faire un effort
pour lâcher prise un peu plus.
Niveau de stress modéré.

UN MAX DE TOUJOURS :

Vous êtes quelqu'un qui a vraiment
du mal à lâcher prise. Votre niveau
de stress est élevé.

**5 conseils
pour lâcher prise**

1 . Se répéter que la vie sait
ce qui est bon pour nous

2 . Être dans l'amour toujours

3 . Vivre l'instant présent, en pleine
conscience

4 . Permettre de se faire aider

5 . Méditer

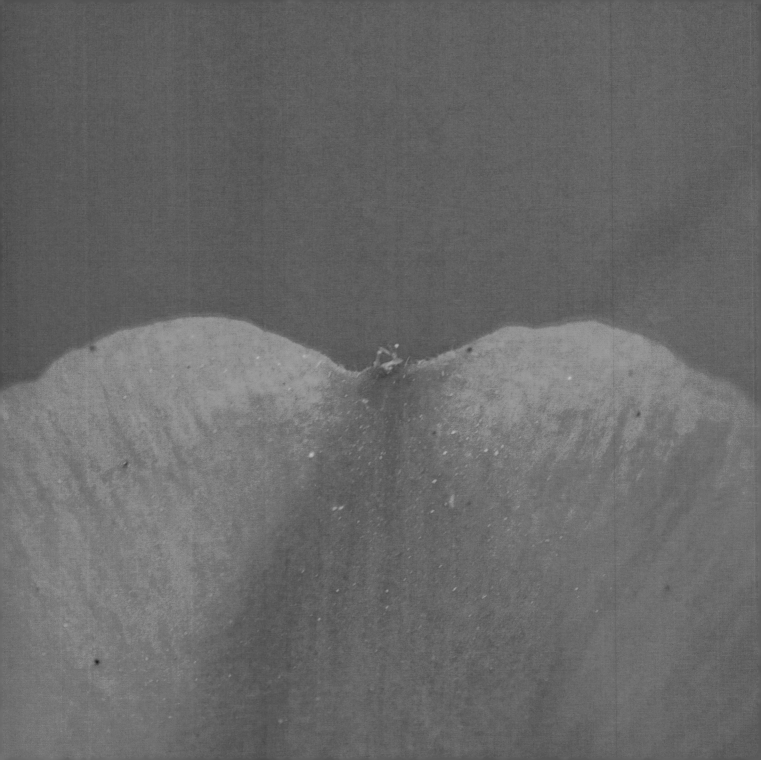

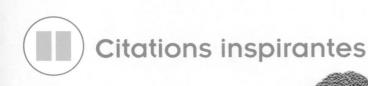

Citations inspirantes

> **Lâcher prise, c'est accepter ses limites, c'est arrêter de se battre au détriment de son équilibre, de son intégrité et de sa liberté.**
>
> Nathalie Dinh

> **Il y a de grands changements à vivre une fois que vous apprendrez le pouvoir du lâcher prise. Arrêtez de permettre à n'importe qui ou quoi que ce soit, de contrôler, limiter, réprimer ou de vous décourager d'être votre véritable soi ! Aujourd'hui est le vôtre à façonner, possédez-le, libérez-vous des gens et des choses qui empoisonnent ou diluent votre esprit.**
>
> Steve Maraboli

> **Lâcher prise, c'est nous libérer des pensées et sentiments douloureux qui noient notre esprit dans de fausses et lassantes inquiétudes.**
>
> Guy Finley

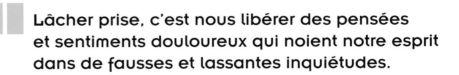

LIBERTÉ LÂCHER PRISE

Écriture inspirée

3 exercices pour lâcher prise

Cultivez le rire et l'humour

Au travail, dans la vie de tous les jours, il est important de prendre de la distance. Regardez le monde et piochez-y tout ce qui pourra vous rendre plus gai. Prendre les choses avec humour aide à passer une meilleure journée. L'humour et le rire vous laissent en bonne santé. Et c'est tellement plus fun.

Agissez avec intelligence

Vous ne pouvez pas aider tout le monde. Imaginez que votre ami se retrouve coincé dans la boue. Plutôt que d'aller le chercher et vous retrouver également coincé, prenez un long bâton pour le tirer afin qu'il s'en sorte. Cette image vous permet de comprendre qu'on aide les autres en restant centré sur son énergie et non en absorbant le mal-être de l'autre.

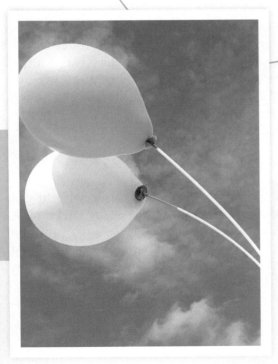

Optez pour de l'air pur

Les jours d'été, l'air est plus chaud et plus concentré encore en éléments qui peuvent causer des maladies.
Astuce : investissez dans un purificateur d'air qui garantit un air parfaitement sain et rafraîchissant ou recherchez l'air frais du petit matin ou du soir.

Dessine, peins, colorie…

Le coloriage, une méthode anti-stress efficace

Réputée pour sa détente, la méditation est très efficace pour soulager le stress et l'anxiété mais peut parfois s'avérer être un exercice difficile par la concentration qu'elle demande. Le coloriage n'est pas réservé aux enfants, loin de là. Selon les psychologues, le coloriage pour adulte est la meilleure alternative à la méditation.

Soulager les tensions

Si les cahiers de coloriage pour adulte caracolent en tête des ventes, c'est bien parce qu'ils sont un moyen facile de **relâcher les tensions**. C'est une technique de relaxation qui fait remonter des souvenirs d'enfance souvent agréables, à une époque de notre vie tout était plus simple et où l'innocence nous préservait des agressions extérieures. Cela nous rappelle notre sérénité d'enfance et nous permet de nous échapper le temps d'un instant. **Se concentrer sur une activité qui ne nous fait penser à rien d'autre, c'est lâcher-prise.** La respiration et le flux de pensées ralentissent au fil du coloriage.

Être dans l'instant présent

Comme méditer, colorier permet de se recentrer personnellement car pendant l'activité, la concentration est ciblée sur une seule et même activité. Remplir les motifs et choisir les couleurs sont des actions qui s'apparentent à la méditation car elles sont ancrées dans l'ici et le maintenant. **Le coloriage de mandalas est tout particulièrement propice au retour sur soi en pleine conscience.** Les mandalas sont d'ailleurs un outil thérapeuthique utilisé en psychologie. Selon les psychologues, la création de formes symboliques circulaires est propice à l'expression de son état. D'où l'intérêt de colorier lorsqu'on se sent stressé.

Libérer son potentiel créatif

Symboliquement, le crayon est l'extension de notre main et la trace qu'il laisse, une projection de soi. Que l'on ne finisse pas son coloriage comme une oeuvre inachevée, que l'on suive un modèle, que l'on s'en émancipe ou qu'on laisse libre court à son imagination, le color iage parle de soi. C'est une façon de laisser une trace existentielle de son être. **C'est aussi une approche artistique qui permet de gérer le manque de confiance en soi et la peur de ne pas être capable de faire certaines choses.** Le coloriage est une activité que l'on fait rien que pour soi. Quelques feutres ou crayons de couleurs suffisent pour se détendre, s'exprimer, méditer ou s'initier à l'art.

Extrait d'un article d'Elodie Sillaro,
journaliste

Les mandalas, une activité thérapeutique ?

Anxiété, manque de concentration, troubles du sommeil, irritabilité... le stress nous guette. Et si on optait pour le coloriage ?
Le coloriage pour adulte est une méthode tout aussi efficace que la méditation pour se relaxer et est à la portée de tous.

Écriture inspirée

Citations inspirantes

> **Lâcher prise, c'est craindre de moins en moins afin d'aimer de plus en plus.**
>
> Anonyme

> **Lâcher prise, c'est libérer l'image et les émotions, les rancœurs et les peurs, les accrochages et déceptions du passé qui assombrissent notre esprit.**
>
> Jack Kornfiels

> **Le changement a lieu quand la douleur de se maintenir est supérieure à la peur de lâcher prise.**
>
> Spencer Johnson

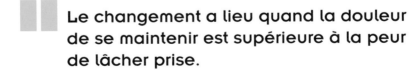

PEUR LÂCHER PRISE

Écriture inspirée

6 conseils pour lâcher prise

1• Respirer

Il faut respirer pour vivre ! Le rythme et l'intensité de notre respiration ont une influence sur notre corps et notre esprit. Prenez alors de grandes respirations profondes à partir du ventre. Observez les effets que cela vous procure. Vous devriez vous sentir plus calme.

2• Ralentir

Quand tout autour de nous nous incite à aller vite, c'est le moment de s'arrêter et d'évaluer le rythme que nous nous imposons. Profitez pleinement des moments avec vos enfants et votre famille, faites du sport, ayez des activités créatrices. Bref, vivez !

3• Accepter

Tout le monde vieillit et avec le temps notre niveau d'énergie diminue. Il faut apprendre à vivre en respectant nos nouvelles limites. Les accepter est donc primordial. C'est essentiel pour notre équilibre et notre bien-être. Accepter c'est faire différemment ou un peu moins... mais c'est toujours faire.

4• Vivre l'instant présent

Arrêtons de vouloir toujours tout faire pour être heureux. Quand nous laissons notre cerveau rebondir d'une pensée à l'autre, nous nous éloignons de cet objectif. Arrêtons alors de penser à tout ce que nous avons à faire et profitons du moment présent. Apprécions ce que nous sommes en train de faire... ou de ne pas faire.

5• Positiver sur l'instant présent

Si vous êtes du style à vous inquiéter pour un oui ou un non, essayez de vous concentrer sur vos réussites du jour et arrêter de penser à ce que pourrait être le futur. Progressivement les choses négatives vous sembleront moins présentes et la vie beaucoup plus agréable.

6• Renoncer à la critique

Critiquer c'est entretenir des pensées négatives qui nous obscurcissent l'esprit et nous empêchent d'avancer. Soyons plus tolérants envers nous-même. Nous le deviendrons aussi envers les autres. Et l'équilibre sera atteint.

Quiz
Quel est votre niveau de lâcher-prise ?

Cochez une case et comptez 1 point
à chaque phrase qui vous décrit bien.

Je suis capable facilement de…

○ m'endormir le soir super vite.

○ profiter de l'instant présent sans penser aux lendemains.

○ faire une sieste n'importe où même s'il y a du bruit.

○ me relaxer, méditer, entrer en état d'hypnose.

○ vivre l'instant présent sans penser à autre chose.

○ faire une seule chose à la fois.

○ dire non quand je ne suis pas d'accord.

○ arrêter de penser à plein de choses.

○ faire abstraction du monde autour de moi.

○ profiter de mes vacances à 100% sans penser au boulot.

Votre total de points :   **/10**

PHASE 1

Repérez les situations durant lesquelles vous ne parvenez pas à lâcher prise sur vos pensées.

Surveillez le prochain moment où cette situation a toutes les chances de se reproduire.

Exemple : ce soir, c'est sûr, je ne vais pas arriver à dormir.

PHASE 2

Juste avant ce moment, notez tout ce que vous devrez vous rappeler après votre moment de lâcher-prise. Prenez en compte tout ce que vous ressentez, de bon, de mauvais, notez tout ce qui vous vient à l'esprit.

PHASE 3

Concluez en ajoutant que vous vous libérez de ces pensées maintenant pour les récupérer après. Puis... lâchez prise !

Exemple : maintenant je dors et je retrouverai mes pensées demain.

TOTAL ENTRE 0 ET 3 :

Je lâche prise... un peu

Ah si vous trouviez le bouton « stop » ou le mode d'emploi pour pouvoir vous accorder une pause au sein même de votre esprit, ce serait pour vous comme un coup de baguette magique. Ruminations, pensées parasités, autant de pensées dont vous aimeriez vous libérer. Rassurez-vous, c'est tout à fait possible !

TOTAL ENTRE 4 ET 7 :

Je lâche prise... beaucoup

Votre cerveau est souvent en pleine action, et heureusement, vous parvenez de temps à autre à récupérer grâce à des moments de calme ou de répit. Cependant, vous seriez certainement ravi de réussir à lâcher encore plus facilement prise sur vos pensées, pour pouvoir profiter encore plus pleinement de chaque instant.

TOTAL ENTRE 8 ET 10 :

Je lâche prise... énormément

Bravo ! Quel que soit votre zone de pensées, il vous est facile de les mettre en pause ou de les stopper net lorsque cela est nécessaire. Vous savez pleinement profiter de l'instant présent et devez vivre régulièrement de belles émotions sans retenue ! Quel bel équilibre, continuez à vous offrir ces instants de ressourcement aussi souvent que vous en ressentez le besoin !

Citations inspirantes

> Lorsqu'une porte du bonheur se ferme, une autre s'ouvre ; mais parfois on observe si longtemps celle qui est fermée qu'on ne voit pas celle qui vient de s'ouvrir à nous.

Helen Keller

> Ici et maintenant, je ne résiste plus, je lâche prise et j'apprends à faire confiance à l'Univers. J'avance avec patience, car je sais que tout arrive au bon moment sur mon chemin.

Anonyme

> Le lâcher-prise est la transition intérieure de la résistance à l'acceptation.

Eckhart Tolle

RÉSISTANCE
LÂCHER PRISE

Écriture inspirée

3 exercices pour lâcher prise

Libérez vos émotions

Prenez un objet qui ne se casse pas. Ce sera une émotion : colère, tristesse, peur... Choisissez celle du moment et serrez très fort l'objet. Cela vous gêne et vous fait mal, c'est normal. Maintenant, tendez votre bras et ouvrez votre main pour que l'objet tombe. Vous laissez l'émotion partir ainsi que la douleur qu'elle vous infligeait.

Listez vos peurs

Écrivez toutes vos appréhensions (passées, présentes ou futures) sans vous relire tout de suite. Puis relisez-vous calmement. Et posez-vous ces questions : ces peurs sont-elles fondées ? Comment pouvez-vous y remédier ? Sont-elles réelles ou issues de vos pensées ? Cela vous permettra de faire la part des choses et de lâcher prise.

Cuisinez et savourez

Préparez un plat que vous aimez vraiment en notant à quel point il est agréable de cuisiner quelque chose qui vous plait. Admirez votre assiette, prenez-la en photo et partagez-la. Concentrez-vous sur chaque bouchée et profitez de ce bonheur culinaire. La cuisine : une thérapie de tous les sens.

Apprendre à lâcher prise avec 4 exercices

- Ces exercices se réalisent partout.
- Il convient de les effectuer (au moins) pendant quinze jours.
- Ces exercices, qui se basent sur le langage dans l'objectif de faire passer de nouveaux messages au cerveau, n'exigent pas de lutter contre sa façon de parler.

EXERCICE 1 : JE TROQUE LE « MAIS » CONTRE LE « ET »

Ce premier exercice propose de traquer les « mais » qui fleurissent dans nos pensées. Pourquoi les « mais » ? Parce qu'à longueur de journée, nous employons l'adverbe « mais », adverbe qui ne cesse de dresser des barrières et de voir des problèmes partout. Et quand on est plutôt du genre à « tenir prise », on use beaucoup du « mais » (je voudrais bien me reposer mais j'ai du boulot...). Voilà pourquoi cet exercice consiste à remplacer ses « mais » par des « et », non pas avant de penser ou de parler, mais une fois que l'on constate qu'un « mais » vient de jaillir ! Ainsi, quand on entend un « mais », on reformule sa phrase avec un « et ». Le « et » permet de rendre les éléments compatibles (on peut avoir du boulot et envie de se reposer – et faire les deux, et ça ne fait pas de nous une mauvaise personne).

C'est donc une façon de relativiser, soit de lâcher prise, là où le « mais » fait de la résistance et nous cloître dans notre besoin de tout contrôler.

EXERCICE 2 : JE PRENDS DE LA DISTANCE AVEC LES VERBES « DEVOIR » ET « FALLOIR »

Un autre réflexe langagier nous éloigne du lâcher prise (et nous flanque en haut du mur d'escalade), on a nommé les verbes « devoir » et « falloir », que nous employons très fréquemment (et plus qu'il n'y paraît). Il faut que j'aille à la boulangerie, il faut que je dorme, je dois faire à manger, je ne dois pas oublier d'appeler Paul... L'exercice 2 invite à remplacer les « je dois » ou les « il faut » par « je peux » dès que l'on se surprend à les prononcer.

En se répétant « je peux » quand un « je dois » est pensé ou prononcé, on devient bienveillant avec soi-même. Soudainement, nos contraintes paraissent bien moins lourdes puisque l'on passe en mode « suggestion ». Et passer au mode suggestion ne veut pas dire que l'on n'ira pas à la boulangerie ou que l'on n'appellera pas Paul. Simplement, on se détend : je peux aller à la boulangerie (encore heureux !) et je peux appeler Paul. Au quotidien, on s'amuse à se reprendre, et franchement, ça détend (et c'est marrant).

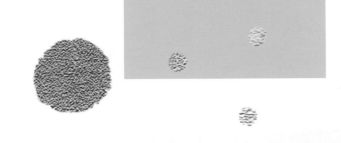

EXERCICE 3 : JE RECADRE LES « PARCE QUE… »

En disant « parce que », nous nous justifions. Et cette habitude nous enfonce dans nos prises. Elle nous donne l'impression de faire quelque chose de mal, ce qui n'arrange pas nos affaires, puisque pour rappel, si on ne lâche pas prise, c'est par crainte de mal faire, justement.

Aussi il est bon de répondre à nos « parce que ». Quand un « parce que » s'invite, on se cause à soi-même et on se dit « parce que ne sert à rien », et c'est tout. À force, on laisse entendre à son cerveau que nous n'avons aucunement besoin de nous justifier (on fait ce que l'on veut, et toc). Jour après jour, on gagne en assurance, puisque l'on cesse de vouloir tout expliquer. Et plus on gagne en assurance, plus on est prompte à lâcher prise.

EXERCICE 4 : J'ABANDONNE LES QUESTIONS SANS RÉPONSE

Ce qui nous empêche de lâcher prise, ce sont toutes les questions sur l'on se pose à soi-même et qui ne trouvent pas de réponse. Le souci, c'est que moins on trouve les réponses, plus on s'accroche. Et ce qui entretient les questions, c'est bien la recherche de réponses.

Cet exercice demande de répondre aux questions envahissantes et insolvables : vais-je terminer ce dossier à temps ? Vais-je rencontrer l'amour ?... par « répondre ne sert à rien ». A la longue, les questions polluantes finiront par se calmer et ne plus se présenter. Et c'est bien l'objectif, car « si les réponses existaient, elles seraient déjà apparues ». Donc on se soulage avec un « répondre ne sert à rien », qui propose de remettre à (beaucoup) plus tard notre prise de chou jusqu'à ce qu'elle disparaisse. Et on savoure ensuite le résultat, car preuve en est, s'accrocher à toutes ces questions était plus crevant qu'autre chose.

Extrait d'un article de Paul-Henri Pion, psychopraticien

Écriture inspirée

# Citations inspirantes

> **L'art d'être sage, c'est l'art de savoir quoi laisser tomber.**
>
> William James

> **Que la force me soit donnée de supporter ce qui ne peut être changé et le courage de changer ce qui peut l'être, mais aussi la sagesse de distinguer l'un de l'autre.**
>
> Marc Aurèle

> **Lâcher prise, ce n'est pas adapter les choses à ses propres désirs, mais prendre chaque jour comme il vient et l'apprécier sans oublier de s'aider soi-même.**
>
> Michel Poulaert

SAGESSE LÂCHER PRISE

Écriture inspirée

3 exercices pour lâcher prise

Gérez vos priorités

Vous pouvez utiliser ce tableau à remplir, organisé en quatre cases.

• Ce qui est **important et urgent**,
• Ce qui est **important et pas urgent**,
• Ce qui est **pas important et urgent**,
• Ce qui est **pas important et pas urgent**.

Notez-y vos priorités et vous pourrez visualiser votre semaine avec plus de sérénité.

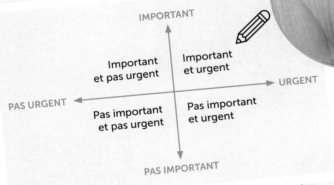

IMPORTANT

Important et pas urgent

Important et urgent

URGENT

PAS URGENT

Pas important et pas urgent

Pas important et urgent

PAS IMPORTANT

Apprenez à relativiser

Si vous êtes du genre à imaginer les pires scénarios catastrophes, cet exercice est fait pour vous. Imaginez quelque chose de désagréable. Et demandez-vous ce que vous ressentez, ce que vous pourriez tirer de positif, ce qui vous motiverait et les leçons à en tirer. Vous découvrirez alors que tout n'est pas si dur et qu'il y a des solutions à tout.

Faites ce qui est bon pour vous

Qu'est-ce qui vous rend heureux ? Notez sur une feuille ce qui est bon pour vous et observez-vous après avoir écrit ces mots. Vous êtes heureux ! Car votre esprit est parti dans l'espoir et le positif... À faire et refaire à l'infini.

LES CARNETS DU BONHEUR

Des carnets pour être heureux…

À découvrir du même auteur :

Merci ! tout simplement • Carnet des gratitudes

COCO AND CO

SCANNEZ-MOI
POUR DÉCOUVRIR
CE CARNET

Printed in France by Amazon
Brétigny-sur-Orge, FR

19784307R00060